This Book Belongs To:-

____

____

____